Der erste Schultag

Gespannt sitzen die 

auf ihren . Jedes  hat

eine bunte  und eine

neue . Da ist alles drin,

was man in der 

braucht.

Die  schauen zur .

Wer wird sie unterrichten?

Plötzlich geht die  auf. Das muss

die  sein. „Hallo,  !“, sagt die . Sie ist nicht sehr groß. Sie hat einen bunten  auf und eine  in der . Sie trägt eine  und sieht fröhlich aus. „Ich bin eure .

Wollt ihr raten, wie ich heiße?“,

fragt sie. „Ja!“, rufen die .

Die lustige  nimmt eine 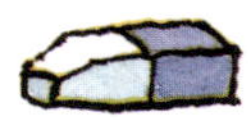

und malt einen großen 

an die . „Heißt du vielleicht  ?“, fragt Ines. „Nein“, sagt die lustige  und malt weiter. Zwei kleine  für die , ein schmales 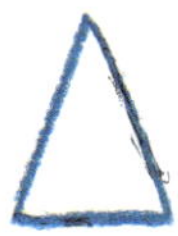 für die  und einen großen lustigen .

„Heißt du  ?“, fragt Anusch.

Die lustige  schüttelt lachend

den  . „Frau Lustig“, schlägt

Max vor. „Fast, gleich habt ihr es!“,

ruft die lustige  . „Heißt du

vielleicht Frau Fröhlich?“, fragt Kathi.

„Gut geraten“, sagt Frau Fröhlich.

Dann nimmt sie ihre  und spielt den  etwas vor.

Die sind froh, dass sie von der

lustigen  unterrichtet werden.

Karneval in der Schule

Die lustige  kommt verkleidet

in die 

. Sie trägt einen

spitzen  . In der  hält sie

einen  . Sie ist eine  .

Auch die  sind alle verkleidet.

Mirko ist ein  . Er zeigt

Frau Fröhlich seine spitzen .

„Bitte, nicht beißen“, sagt die lustige  und lacht. „Aber dich doch nicht“, antwortet Mirko.

Die lustige  entdeckt einen , ein  und einen  mit  und .

Ein  reitet auf seinem 

die  hinauf. Und sogar

ein  mit 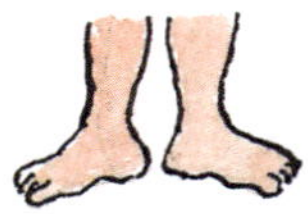 ist unterwegs.

Das ist Andi. Er liest so gerne.

Die lustige  erkennt alle

. Nur den  mit dem

bunten  nicht. Wer mag

das sein? Da stößt der 

mit Frau Fröhlich zusammen.

„Entschuldigung“, sagt der  .

„Macht doch nichts, Iris“, antwortet die  . „Oh, du hast mich ja erkannt“, sagt der  traurig.

„Aber nur, weil du was gesagt hast“, tröstet die lustige  .

Florian sieht auch lustig aus.

Er trägt einen langen ,

hat einen  auf und

eine bunte  auf der .

„Als was bist du denn hier,

Florian?“, fragt die lustige .

„Weißt du das wirklich nicht?“,

fragt Florian erstaunt. Er steckt

sich eine 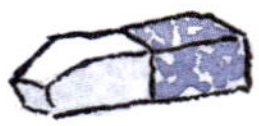 hinters 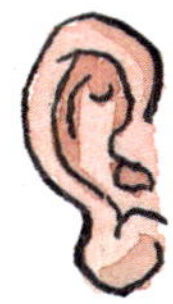 .

Frau Fröhlich lacht. Das mit der 

macht sie auch manchmal. Florian

spielt die lustige  ! Da hätte sich Frau Fröhlich doch beinahe

selbst nicht erkannt.

Die Wörter zu den Bildern:

Kinder

Stühle

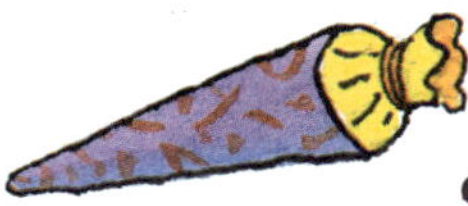

Schultüte

Schultasche

Schule

Tür

Lehrerin

Rucksack

Gitarre

Hand

Brille

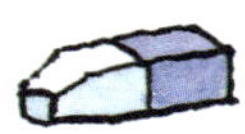

Kreide

Kreis

Tafel

Fußball

Augen

Dreieck

Nase

Mund

Strichmännchen

Kopf

Hut

Besen

Hexe

Vampir

Zähne

Zauberer

Känguru

Schornsteinfeger

Leiter

Zylinderhut

Cowboy

Steckenpferd

Treppe

Bücher

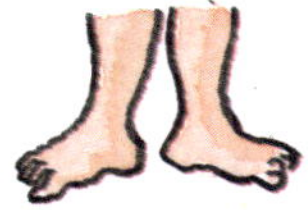

Füße

Clown

Rock

Gesicht

Ohr

Dieses Heft ist auf chlorfrei gebleichtem Papier gedruckt.

Die Deutsche Bibliothek – CIP-Einheitsaufnahme

Viel Spaß mit unserer Lehrerin /
Werner Färber ; Klaus Puth.
– 1. Aufl. – Bindlach : Loewe, 1999
(Billebu)
ISBN 3-7855-3392-6

ISBN 3-7855-3392-6 – 1. Auflage 1999

Geschichten entnommen aus: *Lirum Larum Bildermaus – Geschichten von unserer Lehrerin*
Umschlagillustration: Klaus Puth
Reihengestaltung: Angelika Stubner/
Pro Design, Klaus Kögler
Printed in Italy